이성필 목사 사진 수상집

그녀가 매일 우물가에 나오는 이유

이성필 목사 사진 수상집

그녀가 매일 우물가에 나오는 이유

초판 1쇄 인쇄 2007년 7월 2일

초판 1쇄 발행 2007년 7월 7일

발행처 도서출판 세줄 (등록번호 2-4000) 서울시 중구 인현동 1가 111-6
총판 선교횃불 T. 02)2203-2739   F . 02)2203-2738

가격 15.000 원
ISBN 978-89-92211-08-6 03230

순수한 신앙의 눈으로 빚은 걸작들이다

　포토 에세이 「그녀가 매일 우물가에 나오는 이유」의 출간에 갈채를 보낸다. 저자 이성필은 사진작가다. 그는 이미 「사진으로 쓰는 한국성지순례 이야기」를 비롯해서 몇 권을 출간한 바 있으며, 수차례에 걸친 작품전시를 통하여 그의 예술성이 높이 평가받고 있다.

　또한 저자 이성필은 목회자다. 그래서 그가 보는 사물은 리얼리티 이상의 메시지가 있다. 사물에 갖는 소박한 애정을 넘어서 창조주를 향한 위대한 감동을 담는다. 그래서 그의 작품은 찬송이요 기도요 고백이 된다.

　이번에 간행한 「그녀가 매일 우물가에 나오는 이유」는 사진 작품과 메시지가 높은 차원에서의 조화를 보여 주는 예술품이다. 순수한 신앙의 눈으로 빚은 걸작들이다. 빛의 세계로, 소리의 향연으로 우리를 초대한다. 그리고 새로움을 만나게 하고, 기쁨을 샘솟게 한다. 그래서 행복에 젖게 한다.

　필자는 이성필 목사의 신앙과 예술에 깊이 매료된 사람이다. 그의 진솔함과 투명함, 그리고 사실적 초점을 영원으로 승화시킨 그 비범함이 신비로웠다. 그래서 필자가 발행하고 있는 「월간목회」에 매월 '기독교성지순례' 를 두 해째 계속 연재하고 있다. 그 시리즈는 서재에서 이루어지는 것이 아니고 국내의 현장을 찾아 실사해야 하는 힘겨운 작업이다. 그럼에도 이성필 목사는 충성스럽게 이 사역을 감당하고 있다. 투철한 사명감과 치열한 작가 정신이 아니고서는 불가능한 일이다. 어제의 흔적을 오늘의 앵글에 담아 내일의 비전을 만들어 내는 작가 이성필의 영성은 결코 하루아침에 다다른 경지가 아니기에 그를 더욱 존경한다.

　이 책은 사진 작품과 신앙 에세이가 한 정원에서 어우러져, 읽고 생각하는 것과, 보고 느끼는 것의 다원적인 세계를 체험할 수 있게 꾸며져 한층 사랑스럽고 소중하다. 아날로그의 정서와 디지털의 이미지가 새로운 창작의 세계로 상상의 나래를 펼치게 한다. 그리고 화려한 수사가 배제된 그의 정갈한 메시지 앞에 독자는 솔직해질 수 있다.

　바라기는 이 책이 기독교 예술이 취약한 한국교회 문화풍토에 격조 높은 예술의 지평을 넓혀 주는 씨알이 되기를 바란다.

박 종 구 | 월간목회 발행인

그녀가 매일 우물가에 나오는 이유

제1부: 보듬음 (愛)

제2부: 다가감 (信)

제3부: 바라봄 (望)

제4부: 새로남 (靈)

제 1 부

보듬음

십자가의 영원한 테마는 사랑입니다.

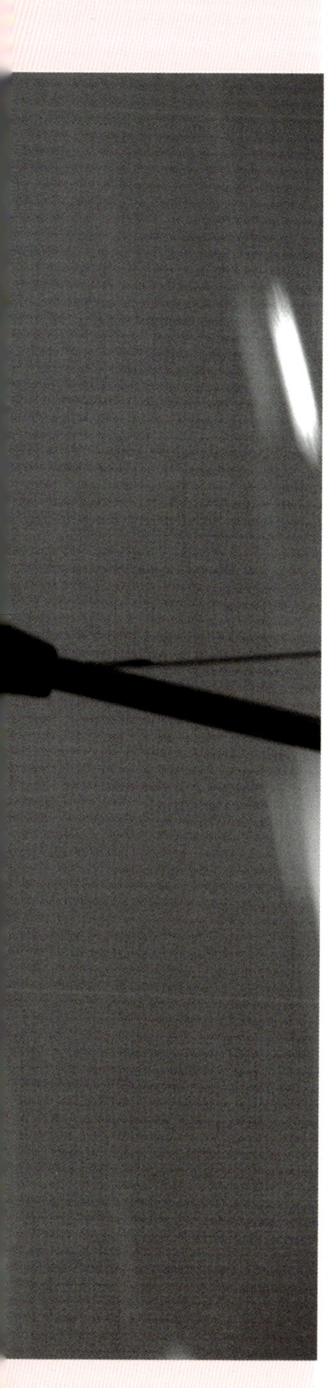

　나는 나의 믿음을 기독교라 이름하지 않습니다. 종교라는 말은 더욱 멀리 합니다. 생명이신 분, 진리이신 분, 사랑이신 분, 그리고 하나님이 내 아버지이심을 나의 영혼과 전신 마디와 세포가 그대로 믿고 받아들일 뿐입니다. 무엇보다 나로서는 해결할 수 없는 죽음의 문제를 해결해 주신 분 예수, 그분의 십자가를 목숨과 의리를 다하여 의지하는 것 뿐입니다.

　십자가! 이것은 사랑의 표식입니다. 왜냐하면 우리를 향하신 당신의 사랑이 십자가에서 공개되었기 때문입니다. 그 사랑이 십자가 위에서 극치를 이루었기 때문입니다. 그 사랑의 용암이 십자가 위에서 흘러내렸기 때문입니다. 마침내 그 사랑이 십자가 위에서 성취되었기 때문입니다.

　하여, 삶의 무게에 짓눌린 인생들의 어깨를 펴게 하시고, 진리에 갈한 영혼들에게 영원히 목마르지 않는 '샘물' 이 되어주신 그분의 사랑. 그 십자가의 그늘에서 쉼을 얻은 자는 발에 힘을 얻어 새소망으로 힘차게 일어나 평안히 걷고 멀리 가리니, 예수님은 오늘도 지친 우리에게 찾아오셔서 "나를 마시라"고 말씀하십니다. 그리하여 그분의 생명을 이식받은 내가 또 하나의 그리스도가 되어 생명의 노래로, 사랑의 물샘으로 온 세상 가득히 흘러넘치길 바라십니다.

십자가 고통을
이기신 힘은 '기도'입니다

경건한 의사였던 리히터 박사는 십자가형의 고통을 이렇게 말해주고 있습니다.

"몸의 부자연스럽고 움직일 수 없는 자세는 조금만 움직여도 온 몸에 지극히 고통스러운 감각이 일어났으며, 특별히 상처가 난 등과 찔린 지체들이 더욱 고통스러웠다. 못들은 손과 발의 가장 민감한 부분들에 점점 더 큰 고통을 일으켰다. 시간이 갈수록 몸의 하중은 찔린 손과 발에 고통을 더하였고 피는 머리로 솟구쳐서 극심한 두통을 일으켰다. 폐에 있는 혈액은 누적되었고 가슴을 압박하여 형언할 수 없는 괴로움을 자아냈다."

우리는 주님의 십자가를 바라보면서, 그분이 온몸으로 겪으신 십자가형의 아픔과 고통을 느끼지 않을 수 없습니다. 고통 없이는 바라볼 수 없는 십자가입니다. 눈물 없이는 바라볼 수 없는 십자가입니다. 예수 그리스도께서 이렇게 큰 고통을 당하신 것은 한 마디로 우리의 죄 때문입니다. 죄 때문에 죽을 수 밖에 없는 우리를 구원하기 위해서 주님은 우리 대신 십자가를 지셨고, 죄 없으신 당신의 전부를 친히 인류를 위한 대속제물로 내어주셨습니다.

이렇듯 엄청난 고통을 감내하면서 그분이 몸소 십자가를 지실 수 있는 힘은 어디서 나왔을까요? 그 비밀은 겟세마네 동산의 기도에 있습니다. 그때 그곳에서 땀방울이 핏방울이 되도록(누가복음22:44) 간절한 기도를 드렸던 주님을 기억하십니까? 그 간절한 눈물의 기도는 바로 나를 위한 것이었습니다.

주님의 상하신 그 얼굴은 바로 우리를 사랑하시기에 만들어진 얼굴입니다. 아들을 구하기 위해 불 속이라도 마다하지 않고 뛰어 들어갔다가 화상 당한 아버지의 그 일그러진 모습이 바로 우리 주님의 얼굴입니다. 주님의 찢기신 얼굴, 주님이 지신 십자가는 바로 우리를 향한 '하나님의 사랑' 그 자체입니다.

십자가를 통해 열어 놓으신 빛(축복)의 대로

사순절을 맞이하면서 다시금 예수님의 놀라운 사랑과 은혜에 잠겨 봅니다. 하늘의 영화를 모두 버리고 이 땅에 낮은 마음으로 오신 주님은 우리를 구원하시기 위해서 십자가를 지셨습니다. 주님께서 십자가에 매달려 죽으실 때, 성전의 휘장이 찢어졌습니다. 이로써 구약시대(율법시대)의 막이 내리고, 모든 성도가 제사장이 될 수 있는 길이 열렸습니다. 우리의 죄로 하나님과 막혀 있던 담이 예수 그리스도라는 화목 제물을 통해 헐림으로써, 우리는 죄 사함을 얻었으며, 그 은혜에 힘입어 누구나 하나님 앞에 나아올 수 있게 된 것입니다.

주님은 이렇게 십자가 죽으심을 통해 우리에게 생명과 소망과 축복의 대로를 열어 놓으셨습니다. 그런데 우리는 왜 자꾸만 빛 가운데로 나오지 못하고 캄캄한 어둠의 고통 속에서 허우적거리는 것일까요? 예수님은 저주의 십자가에 매달리셨지만, 결국 당신이 예언하신 것처럼 사흘 만에 부활하셔서 소망의 십자가를 우리에게 주셨습니다. 이제 그리스도께서 우리 안에 진리의 영으로 오셔서 영원한 부활생명을 주신 것입니다.

죽음을 이기신 승리의 증표가 오늘 우리 안에 있기에, 우리는 빛의 자녀, 복의 근원이 된 것입니다. 그러기에 우리는 예수 그리스도의 사랑에 빚진 자로서, 우리가 받은 하나님의 크신 사랑과 은혜에 감격하며 감사하며, 이 사랑을 이웃들에게 나눠주고 알리는 일에 산 증인이 되어야겠습니다.

그때 나는 주님과 동행했는가?

예수께서 이 땅에서 사역하시던 기간 동안, 주님이 특별히 많은 공을 들였던 대상은 열두 명의 제자들이었습니다. 그 분은 열두 제자들과 늘 함께 하셨고, 그들을 훈련시키는 제자교육에 많은 시간을 할애하셨습니다.

주님은 또한 앞으로 자신이 겪을 모든 수난에 대해 다 아셨습니다. 하지만 그로 인하여 마음의 요동도 없었고, 당신의 할 일을 미루거나 초조해 하시지 않았습니다. 도리어 남은 시간 동안에 무엇을 해야 할 것인지 당신의 공생애 사역의 마지막 부분을 정리하셨고, 그에 따라 움직이셨습니다. 예수님께서는 얼마 남지 않은 시간을 쪼개어 당신의 제자들과 최후 만찬을 나누셨으며, 하나님께 기도하는 시간으로 사용하셨습니다.

마침내 예수님은 잡히셔서 대제사장의 집으로 끌려가셨습니다. 이어 대제사장 안나스의 심문이 있었고, 계속 심문을 받다가 날이 밝아오자 정식으로 모인 산헤드린 공회에서 사형을 구형받았습니다. 예수님은 급히 로마 총독 본디오 빌라도에게 끌려가 1차 심문을 받은 후, 헤롯 왕에게로 보내졌다가 곧 다시 빌라도에게 끌려와 로마 병정들에게 희롱을 당하셨습니다. 그리고 결국 사형이 확정되어 채찍질과 침 뱉음을 비롯한 온갖 고통과 수치를 당하셨습니다.

예수님이 구속 사역의 정점을 향해 고통스런 발걸음을 옮기실 때, 주님 옆에는 아무도 없었습니다. 제자들 중 그 어느 누구도 십자가의 아픔에 동참하지 않았습니다. 3년간이나 동고동락하며 하늘의 가르침을 받았건만, 그들은 두려워서 어디론가 피해 달아난 것입니다.

이렇게 겁 많고 연약한 제자들의 모습은 어쩌면 지금의 내 모습인지도 모릅니다. 평소 주님의 십자가 희생과 사랑에 감격하며 "주님의 뒤를 따르겠다"고 습관처럼 고백하면서도, 정작 순종의 결단이 요구될 때엔 은근히 저만치 물러서는, 연약하기 짝이 없는 우리들의 모습. 심지어 우리들 중에는 자신이 겪어야 하는 인생의 폭풍이 지나갈 때까지만 교회라는 바다에 살짝 자신의 닻을 내려놓았다가 폭풍이 걷히면 빠져나가는 이도 있습니다. 삶의 고뇌를 회피하는 도피처 정도로 주님과 믿음을 이용하는 것입니다.

그러나 하나님의 은혜를 깨닫는다는 것은 예수님의 '십자가 고난에 동참' 한다는 뜻입니다. 또 십자가 고난에 동참한다는 것은 그리스도 안에서 나의 자아가 없어지고, 자아가 죽고 없어진 나를 통하여 그리스도의 사랑과 은혜가 발현되는 것을 의미합니다. 주님은 지금도 우리에게 물으십니다.

"너는 나와 동행하느냐?"

가슴으로 나누는 느낌대화 기술

하나님께서 문제에 처한 나를 1:1로 만나주실 때, 주께서 정말 나를 사랑하신다는 것을 깨닫게 됩니다. 이것이 하나님의 은혜입니다. 자녀를 사랑하지 않는 부모는 없습니다. 그러나 그 사랑을 전하는 데는 기술이 필요합니다. 어떤 부모는 자녀를 위하여 모든 걸 다 해줍니다. 그러나 그래서는 안 되고 우리에게는 그럴 능력도 없습니다. 다른 것을 못해주는 대신 돈을 넉넉하게 주면 됩니까? 그렇다면 부모의 사랑은 가진 자들만의 것이 되어야 합니다. 우리의 자녀들이 진정으로 목말라 하는 것은 자신이 부모의 충분한 사랑을 받고 있다는 느낌을 갖는 것입니다.

그렇다면 자녀를 사랑하는 마음을 어떻게 전달할 수 있을까요? 1:1로 대면하는 것입니다. 힘들어 하고 지친 자녀에게 눈과 눈을 마주보고 이렇게 말합니다. "공부하느라 힘들지. 너를 사랑한다" "네가 내 아들인 게 정말 자랑스러워". 그러면 자녀의 눈망울이 초롱초롱해지고, 뭔가 알 수 없는 힘이 솟는 것을 느낄 수 있을 것입니다. 이런 대화는 다른 사람이 있을 때보다 단 둘이 있는 자리에서 더 효과적입니다. 좋은 분위기일수록 그 사랑의 기운이 자녀의 가슴에 잘 전달됩니다. 하나님과 우리가 1:1로 마주하는 것도 마찬가지입니다. 우리가 하나님의 사랑을 가장 많이 느낄 수 있는 때가 바로 이 순간입니다.

사랑은 '나눔'입니다

　사랑은 나눔입니다. 사랑을 하면 나누고 싶어집니다. 내가 가진 무엇이라도 사랑하는 사람 앞에서는 내 것이 아니라는 생각을 갖게 됩니다. 그렇지 않으면 사랑이 아닙니다. 내 것이 아니라는 생각이 들기에 나누게 되는 것입니다. 그리고 나누면서 행복해 합니다. 사랑하기 때문입니다. 나눔과 행복이라는 말의 단어는 다르지만, 이 말은 온전히 같은 말입니다.

　짐승은 쟁취하기 위해 존재합니다. 내 것을 얻기 위해 공격을 하고, 다른 존재를 죽이고, 내 것을 만듭니다. 그리고 행복해하고 만족해 합니다. 이것이 짐승입니다. 그러나 사람은 나누기 위해 존재합니다. 그뿐 아니라 나누면 우리 안의 상처가 치유되고, 내 안에 하나님의 형상이 회복됩니다. 나누면 가시 같던 서로의 관계가 회복됩니다. 나누면 행복해집니다. 나눔은 이렇게 능력이 있습니다.

　그런데 나눌 때 겸손함이 있어야 합니다. 겸손함이 없는 나눔은 이미 나눔이 아닙니다. 가진 내가 없는 너에게, 높은 내가 낮은 너에게, 배운 내가 배우지 못한 너에게 내 것을 베풀어준다는 의식을 가지고 있다면, 차라리 나누지 않는 것이 더 낫습니다. 내 것을 나눈다는 생각을 버려야 합니다. 내가 관리하지만 하나님의 것을 나누는 것입니다. 내 것이 아닌 것을 나눈다는 마음을 가질 때, 겸손할 수 있고, 그 겸손에서 나온 나눔만이 진실일 수 있는 것입니다. 그리고 나눈 다음에는 잊는 것입니다. 내 오른 손이 했어도 왼손이 모르게 잊어버리는 것입니다. 이것이 진정한 나눔이며, 베풂입니다.

자기를 비우는 사랑

사랑은 희생입니다. 자기를 희생할 줄 아는 사랑만이 사람을 감동시킵니다. 사람의 마음을 움직입니다. 사랑한다면서 자신을 희생하지 못한다면, 그것은 사랑이 아닙니다. 거짓이고 눈가림입니다. 사랑하면 희생하게 되어 있습니다. 그 희생이 사람의 마음을 움직이는 것입니다. 우리를 향한 하나님의 사랑은 당신을 통째로 내어주신 '희생' 에서 시작되었습니다. 복음의 시작은 곧 십자가 희생과 사랑입니다. 예수님의 찢기신 살과 피를 희생하심으로 우리에게 구원의 길을 활짝 여신 것입니다.

사랑하기 위해 태어난 존재

'당신은 사랑 받기 위해 태어난 사람' ♬
온 인류를 향한 보편적 하나님의 사랑을 노래합니다.
그리고 이 일방적, 무조건적, 보편적 사랑의 대상은 우리 모두입니다.
이는 마치 햇빛과 공기를 무한 제공하는 하나님의 일반은총과도 같습니다.

그러나 엄밀하게 따지자면 이 가사는 어려움을 당한 사람에게 해당됩니다.
건강한 사람이라면 사랑 받기 위해 태어난 존재라기보다는
사랑을 하기 위해 태어난 존재라는 것을 알아야 합니다.
내 인생의 최대의 사명은 사랑하는 것입니다.
사랑이 모든 문제의 해결점입니다.

새들도 가슴으로 새끼를 키운다

뻐꾸기는 다른 새의 둥지에 알을 낳는 것으로 유명합니다. 그 둥지를 지키는 어미 새는 이 사실도 모른 채 알에서 부화한 새끼 뻐꾸기를 부지런히 돌봅니다. 열심히 먹이를 날라다 주고 길러주는 어미 새의 보호 속에 새끼 뻐꾸기는 쑥쑥 자라게 됩니다. 그러는 동안 어미 새의 진짜 새끼들은 덩치 큰 뻐꾸기에게 밀려서 둥지 밖으로 쫓겨나고 나중에 자기 혼자 먹이를 받아먹고 자랍니다.

뻐꾸기의 이런 습성을 안 어느 학자가 '왜 다른 종의 어미 새가 자기 새끼도 아닌 뻐꾸기를 이렇게 정성스럽게 키우는 것일까?' 에 대해 연구를 했습니다. 이유인 즉 먹이를 받아먹기 위해 새끼 뻐꾸기가 입을 벌리는데, 입 속에 빨갛게 타오르는 듯한 어린 뻐꾸기의 혀가 그만 어미 새의 마음을 사로잡는다는 것입니다. 애처로울 만치 붉은 혀를 가진 새끼 뻐꾸기의 모습이 어미 새의 가슴을 저미게 만들어 제 새끼가 아닌데도 먹이를 물어다가 먹이게 되는 것이지요. 심장으로 끌린다는 것, 마음을 빼앗긴다는 것이 바로 이런 경우입니다.

아가서에 보면 "나의 누이, 내 신부야! 네가 내 마음을 빼앗았구나"(4:9) 라는 말씀이 있습니다. 이것은 우리 주님도 당신의 자녀에게 마음을 빼앗겼다는 것입니다. 왜 그럴까요? 어미 새가 어린 뻐꾸기의 붉은 혀 때문에 제 새끼도 아닌 놈을 애틋한 가슴으로 품었던 것처럼, 하나님께서도 예수 그리스도의 보혈의 공로로 인하여 조건없이 우리에게 끌리고 있다는 것입니다. 이 얼마나 놀랍고 감격스러운 일입니까?

'하나님의 마음에 합한 사람' 이라는 말은 '하나님의 마음에 드는 사람' 이라는 뜻입니다. 이것은 마음, 또는 심장, 감정에 해당하는 표현입니다. 마음에 합한 사람이라는 것은 마음에 끌리는 사람이라는 것입니다. 그냥 좋고, 사랑스러우며, 늘 가까이 함께 있고 싶은 사람, 떨어져 있으면 가슴에 사무치는 사람이라는 것입니다. 그러므로 '하나님의 마음에 합한 사람' 이라는 표현은 얼마나 애정 어린 표현인지 모릅니다.

여성은 약하지만, 어머니는 위대합니다

자녀 양육하면, 우리는 유대인의 어머니들을 떠올립니다. 유대인들은 아버지가 유대인이라도 어머니가 유대인이 아니면, 그 사람을 유대인으로 취급하지 않습니다. 반대로 아버지가 어느 민족이라도 어머니만 유대인이면, 유대인으로 인정해 주는 모계사회입니다. 이러한 관습은 유대인의 어머니들이 자녀들에게 끼치는 교육의 영향력이 얼마나 결정적인지를 단적으로 보여줍니다. 유대인의 어머니들은 자녀를 철저히 신앙으로 양육하고, 인성교육을 중시하며, 그 아이만이 가진 재능을 적극적으로 개발해 주기로 유명합니다. 유대인 어머니들의 그러한 교육이 있었기에, 유대인들은 전 세계에 흩어져 살았어도 그들의 신앙과 문화와 전통을 유지할 수 있었습니다. 유대인들을 혹독하게 학살했던 히틀러가 남긴 말에는 유대인 어머니들의 위대성을 잘 드러내주고 있습니다. "유대인들은 죽였어도 그들의 가정만큼은 파괴할 수 없었다."

성경에서는 훌륭한 여인을 포도나무에 비유해서 설명하고 있습니다. '포도나무 같은 아내' 란 남편에게 좋은 아내가 되어 줄 뿐 아니라, 자식들에게 좋은 어머니가 되어주는 여인을 뜻합니다. 자식을 많이 둔 다복한 여인을 '결실한 포도나무' 라고 말하고 있습니다. 이는 단순히 양적으로 많이 낳았다는 것 뿐 아니라, 그 자녀들을 질적으로 잘 양육한다는 의미도 있습니다. 이런 여인들은 경건한 신앙과 고귀한 인품과 교양과 지혜와 부드러움으로 자녀들을 잘 양육합니다. 세계 역사에 족적을 남긴 걸출한 인물들은 대부분 남성들이지만, 그 위대한 남성을 길러낸 실질적인 주인공들은 이 땅의 훌륭한 어머니들인 것입니다.

내 의지와 상관없는 몸 안의 수고

우리의 심장은 하루에 자그마치 10만 3689번을 뜁니다. 몸속의 혈액은 놀랍게도 하루에 1억 6800만 마일을 달립니다. 그리고 하루에 숨을 몇 번 쉬는가 하면 무려 2만 3040번을 쉽니다. 내가 무슨 수고를 해서 심장이 그렇게 많이 잘 뛰어주고, 내가 달리라고 지시해서 혈액이 그 먼 거리를 달려주는 것이 아닙니다. 난 아무런 수고를 안 해도 우리 몸 안의 기관들은 알아서 그렇게 각자의 역할들을 말없이 해냄으로써, 나의 생명을 오래도록 지탱해 주는 것입니다. 창조주 하나님께서 그렇게 만드신 것입니다. 이 모든 일에 약간의 차질만 와도 나의 생명에는 금방 이상이 오고 맙니다. 내가 아무런 수고를 하지 않고, 그들의 활동에 대해 의식조차 하지 못하고 있을 동안에도 내 안의 기관들은 각자 자기 사명을 다하는 것입니다. 너무나 신비하고도 고마운 일입니다. 그러니 말없이 수고하는 나의 몸에 대해서, 그리고 내 생명이 지탱되도록 그렇게 지으신 하나님께 감사하지 않을 수 없습니다.

사랑은 '섬김'입니다

예수님이 자주 찾아가 편하게 쉴 수 있었던 집이 바로 베다니에 있는 나사로의 가정이었습니다. 이 가정과 친하게 된 배경에 대해서 자세하게 기록된 내용은 없지만, 신약의 누가복음(10:38)에 마르다라는 여인이 예수님을 영접하고 대접하는 장면이 나옵니다. 마르다의 나눔과 베풂은 얼마나 힘들고 고달픈 일이었는지 성경에 잘 나타나 있습니다.

놀라운 것은 이 나눔과 섬김을 통해 마르다 가정 전체가 축복을 받게 된 사실입니다. 마르다는 예수님께 가장 정확하고 아름다운 신앙고백을 드릴 수 있었고, 그의 여동생 마리아는 옥합을 깨뜨려 향유로 예수님의 발을 씻어줌으로써, 메시아의 죽으심을 예비하는 영적 섬김의 아름다움을 보여주었습니다. 그리고 나사로는 죽음에서 부활하는 축복으로 하나님의 역사와 섭리에 보석 같은 도구로 쓰임받았던 것입니다.

제 2 부
다가감
信

그녀가 매일 우물가에 나오는 이유

청년 예수는 지쳤습니다. 그의 제자들이 요단강에서 세례를 베푼다는 소문이 널리 퍼지매 따르는 무리가 많아지자, 시샘하는 이들로 인하여 길을 떠나지 않을 수 없었습니다. 갈릴리로 가는 길에 사마리아를 지나는 중이었습니다. 한낮의 더위 탓에 모두가 오수를 즐기는 시간, 갈증과 피곤에 지친 예수는 수가라 하는 야곱의 우물가에 당도하였습니다. 이 때 한 여인이 물을 길러 나왔습니다. 동네 사람들을 피해서 늘 이 시간에 낮잠도 못자고 나온 것입니다.

청년 예수가 말을 겁니다. "나에게 물 좀 달라." 여인은 반문합니다. "유대인으로서 어찌 사마리아 여자인 나에게 물을 달라 하십니까?"(당시 유대인은 사마리아인을 혈통상 잡종이라고 상종치 않았음) 다시 청년이 말합니다. "네가 만일 네게 물달라 하는 이가 누군 줄 알았더라면 그에게 구했을 것이고, 그러면 그가 네게 생수를 주었겠지." 여인은 반문합니다. "당신은 물길을 그릇도 없고, 이 우물은 깊은데 어떻게 나에게 물을 줄 수 있지요? 당신이 우리 조상 야곱보다 큽니까?" "이 물을 먹는 자는 다시 목마르나 내가 주는 물을 먹는 자는 영원히 목마르지 않으니, 이유인 즉 내가 주는 물은 그 속에서 영생하도록 솟아나는 샘물이기 때문이다."

영원히 목마르지 않는 생수라는 말에 여인은 귀가 번쩍 뜨인다. "주여, 나에게 그 물을 마시게 하여 다시는 목마르지도 않고 이곳에 물 길러 오지도 않게 하소서." 그런데 그는 갑자기 엉뚱한 질문을 던진다. "가서 네 남편을 불러 오너라." "나는 남편이 없답니다." 지그시 그녀를 바라보는 청년

예수. "그래 네 말이 옳다. 네가 남편 다섯이 있었으나 지금 있는 자도 네 남편이 아니니 네 말이 맞구나." " 아이구, 주여, 내가 보니 당신은 선지자이시군요."(요한복음 4:3~34)

아는 바와 같이, 이 복음서의 내용은 모두 상징성을 갖고 있습니다. 우물이 그렇고, 남편이 그렇고, 사마리아 땅, 손가락질 받는 여인, 제자들, 양식, 샘물 등. 또한 예수와의 단 한 번의 만남으로 인해 이 수가성 여인은 완전히 변화된 삶을 살게 되는 것을 볼 수 있습니다. 수치심으로 사람을 피했던 그녀는 물동이를 내던지고 마을로 내려가 열정적으로 복음을 전하는 사역자로 바뀐 것입니다.

남편 여섯을 둔 이 여인의 이야기는 바로 지금의 내 모습입니다. 주님은 오늘도 우리에게 물으십니다. 지금 내가 붙들고 있는 '남편'이 얼마나 많은지를. 과연 우리의 진정한 남편은 누구일까요? 그리고 우리는 그 남편을 맞이할 만큼, 순전한 처녀로 살고 있을까요? 예수 그리스도라는 진정한 '남편'을 만나지 않은 이상, 우리들 또한 수가 여인처럼 아무리 많은 '남편'을 가졌더라도 우리의 갈증과 목마름은 해갈되지 않습니다. 그녀가 예수와의 깊은 '만남'(크노시코: 그리스도와의 연합)을 경험한 후 다시는 야곱의 우물가로 나오지 않았던 것처럼, 우리도 예수 그리스도와 하나되어 그를 마시지 않고는 우리는 끝없이 다른 야곱의 우물가를 서성거릴 수 밖에 없습니다. 오늘 우리는 누구와 '연합'한 삶을 살고 있습니까?

당신만이 나의 '복' 입니다

복의 참된 기준은 돈이 아닙니다. 돈이 주인이 되어 버린 사람은 어쩌면 하나님의 복을 모르거나 거기서 떠난 사람입니다. 오직 하나님을 인생의 주인으로 모시고 사는 사람만이 참으로 복된 사람인 것입니다. 하나님만 의지하고, 하나님만 바라는 방향으로 살아가는 것이 바로 복인 것입니다. 그래서 다윗의 고백과 찬양은 우리들에게 늘 귀감이 되고 도전을 줍니다. "주는 나의 주시오니 주 밖에는 나의 복이 없나이다"(시편16:2). 그렇습니다. 여호와 하나님이 우리의 복입니다. 하나님을 잃지 않는 것이 바로 복인 것입니다.

신앙은 끊임없는 '자기 점검' 입니다

우리가 살면서 쉽게 잊어버리는 것이 있습니다. 바로 내가 '집 나간 탕자' 라는 사실입니다. 곧 하나님 앞에서 내가 죄인이라는 사실을 자주 잊어버리는 것입니다. 나는 구원 받기 전에도 죄인이었고, 구원받은 후에도 여전히 죄인이라는 것을 잊어버리고 살 때가 많습니다. 또 우리가 최선을 다하는 신앙적인 '열심' 이라는 것도 따지고 보면 나 자신을 위한 내 방식의 열심일 뿐, 결코 하나님을 위한 것이 아님을 금방 자각하지 못합니다. 그리하여 하나님 앞에 자신이 의로운 사람인 양 곧잘 착각하기도 합니다.

우리가 신앙생활에 대한 열심이 있다고 하여 내가 제일 잘하는 것으로 착각하는 '자기 우월적' 신앙의 자세는 매우 위험하며 건강하지 못한 태도입니다. 내가 '판단하는 주인' 의 자리에 앉아 있는 이상 우린 동생을 질시하는 탕자의 형과 조금도 다를 바가 없습니다. 아니 은혜를 깨달은 자로서 그와 같다면 형보다도 훨씬 더 악한 것입니다.

우린 늘 부족한 자인 것을 인정해야 합니다. 또 우리는 모두 '죄인이면서 의인' 이며, '의인이면서 죄인' 인 것을 잊지 않아야 합니다. 우리가 항상 경계해야 할 대상은 남이 아니라, 바로 나 자신일 뿐입니다. 그래서 사도 바울은 "그런즉 선줄로 생각하는 자는 넘어질까 조심하라"(고린도전서10:12)고 충고하고 있습니다. 우리가 넘어지지 않기 위해서는 항상 나의 부족함을 알고 정진해 나가는 것입니다. 나의 의가 아닌, 예수 그리스도의 '의' 로 인해 지금 여기에 우리가 있기 때문입니다. 그리스도의 십자가의 보혈을 보시고 하나님께서 나를 의롭다고 인정해 주셨기 때문입니다.

신앙은 언제나 '현재형' 입니다

신앙은 항상 현재형이어야 합니다. '과거에 내가 믿었습니다' 가 아닙니다. 또 '장차 믿을 것입니다' 도 아닙니다. 지금 내가 믿음의 상태에 서있지 않으면 아무런 소용이 없습니다. 항상 현재형의 믿음에 있을 때, 구원이 이루어지는 것입니다. 그러므로 나의 신앙이 현재형이라는 것은 중요한 의미를 지닌다고 할 수 있겠습니다. 왜냐하면 과거에도 현재였고, 현재도 현재이고, 미래도 현재인 것입니다.

그렇지 않고 '한번 비침을 얻고 하늘의 은사를 맛보고 성령에 참예한 바 되고 하나님의 선한 말씀과 내세의 능력을 맛보았으되' 현재는 여기에서 떠나 있다면, 그는 타락한 자로서 다시는 새롭게 회개할 수 없다(히브리서6:4-6)고 성경은 엄히 경고하고 있습니다. "나 전에 믿었어" "병고치는 은사도 대단했었지"라고 자랑(?)하면서 지금은 믿음 밖에 있다면,이것이야말로 주님을 다시 십자가에 못박는 것과 같습니다.

즉 한결같은 믿음의 자세로 흔들리지 않고 나아가는 것이 신앙인의 참 모습인 것입니다. 지금이라는 기회를 놓쳐서는 안 됩니다. 그런데 무엇을 믿습니까? 믿음의 내용이 무엇입니까? 바로 예수 그리스도입니다. 성경은 우리에게 구원 얻는 믿음에 대해서 말합니다. 구원은 오직 '예수 그리스도의 대속' 을 통해서만 얻어집니다.

'다른 이로서는 구원을 얻을 수 없나니 천하 인간에 구원을 얻을 다른 이름을 우리에게 주신 일이 없음이니라'

(사도행전4:12)

내 인생의 최고경영자는
'그리스도' 이십니다

인간의 삶은 늘 실패의 연속입니다. 때로는 성공을 하기도 하지만 가만히 살펴보면 성공보다는 실패가 훨씬 더 많습니다. 인간은 성공했을 때도 사실은 실패자입니다. 승리했을 때도 패배자라는 것을 아는 것이 어쩌면 성숙한 사람일 것입니다. 아무리 계속되는 성공 속에서 살았다 할지라도, 결국은 죽음으로 끝나는 것이 우리의 인생입니다. 그런데 경이로운 사실은 이런 실패자인 우리를 통해 하나님께서는 일하신다는 것입니다. 이 얼마나 놀라운 일입니까?

하나님께서 나의 경영자가 되시는 것입니다. 이제까지는 내가 주인으로서 내 마음대로 해왔지만, 제대로 된 일이 없었습니다. 경영주로서 능력이 부족하다면, 내 인생이라는 기업이 살기 위해 유능한 경영자를 모셔 와야 할 것입니다. 그 경영자가 누구입니까? 하나님, 바로 예수 그리스도이십니다. 이제까지 실패해 보신 적이 없으신 최고의 경영자이십니다. 내 인생의 경영자가 바뀌는 것입니다. 그러면 삶이 완전히 달라집니다. 힘든 일이 없어집니다. 그 분이 나의 멍에를 함께 메어 주시기 때문입니다. 힘은 다 주님께서 써 주십니다. 나는 그저 곁다리로 그 분의 멍에에 매달려 함께 가면 되는 것입니다.

제한할 수 없는 하나님의 능력

예수님께서는 병 낫기를 바라며 조심스레 주 앞에 나온 한 환자의 말을 가로 막습니다. "할 수 있거든"이라는 소극적이고 믿음없는 말은 생각하지도 말라는 것입니다. 꺼내지도 말라는 말씀입니다. 이 말씀은 오늘날 믿음의 자녀인 나에게 주시는 주님의 동일한 음성입니다. "믿는 자에게는 능치 못할 일이 없느니라."

우리는 무슨 일을 계획하거나 시작할 때, 할 수 있는 일인지, 아니면 할 수 없는 일인지를 먼저 따지고 들어갑니다. 내 능력을 우선 계산하는 것입니다. 그러나 예수님께서는 우리가 할 수 있느냐 없느냐가 관건이 아니라, 믿느냐 믿지 않느냐 하는 문제가 중요함을 강조하십니다. 우리는 하나님의 능력을 제한하지 말아야 합니다. 하나님께서 원하시고 또 기뻐하시는 일이라면, 그리 돼야만 하는 일이라면, 내가 할 수 있느냐 없느냐를 따지는 건 그다지 바람직하지 않습니다. 오히려 내가 믿느냐 믿지 않느냐를 봐야 하는 것입니다. 왜냐하면 우리의 능력이 어떠한 일을 이루는 결정적인 요소가 아니라, 우리의 '믿음'이 결정적인 요소이기 때문입니다.

믿음이란 …

민음은 끝까지 붙드는 것

민음은 처음과 끝이 한결 같은 것

민음은 아낌없이 나누는 것

민음은 들풀같이 질긴 것

민음은 늘 기쁜 마음으로 사는 것

민음은 낙심없이 기다리는 것

남이 가지 않은 길

　신앙이란 남들이 가는 대로 따라가는 것이 아닙니다. 왜냐하면 많은 사람이 신앙의 길이라고 생각하는 것이 착각인 경우가 많기 때문입니다. 남이 가지 않는 길로 가는 것, 다시 말해서 좁은 길로 가는 것이 올바른 신앙인의 자세인 것입니다. 좁은 문(누가복음13:24)으로 가야만 구원을 얻을 수 있고, 또 하나님의 영광을 볼 수 있는 것입니다.

　특별히 그리스도인은 이 길을 가는 사람들입니다. 이 세상 대부분의 사람들이 좋아하는 대접받고 환영받는 높은 자리가 아니라, 낮고 그늘진 곳을 찾아가는 것입니다. 말씀이 이루어지는 자리를 찾아가는 것입니다. 고아와 병자와 연약한 사람들에게 관심을 가지셨던 주님처럼, 나약하고 소외된 사람들에게 친구가 되어주고 이웃이 되어주는 것입니다. 이것이 좁은 문으로 들어가는 삶입니다. 철저히 예수를 믿고 그의 가르침을 따르는 삶이 바로 좁은 문인 것입니다.

도전하는 용기

도전은 실력으로 하는 것이 아닙니다. 도전은 용기로 하는 것입니다. 그런데 이 용기는 어디서 나오는 것일까요? 하나님께로부터 입니다. "내게 능력 주시는 자 안에서 내가 모든 것을 할 수 있느니라"(빌립보서4:13). "할 수 있거든 이 무슨 말이냐 믿는 자에게는 능치 못함이 없느니라"(막9:23)

중요한 것은 도전하는 용기입니다. 이 용기는 자신의 환경에 달려 있지 않습니다. 용기 있는 도전이 결정하는 것입니다. 살다보면 육신의 장애를 입을 수도 있습니다. 그러나 그 장애조차도 도전하는 자에게는 더 이상 장애가 되지 않습니다. 장애는 나약한 사람에게는 가혹하지만, 강한 의지를 가지고 도전하는 사람에게는 오히려 성공의 자극제가 될 뿐입니다. 주변환경과 능력없음을 한탄할 것이 아니라, 노력하지 않는 자신을 한탄해야 할 것입니다. 포기하지 않는 노력이 우리의 운명을 바꿉니다.

운명은 용기있는 도전과 포기하지 않는 노력으로 얼마든지 바꿔나갈 수 있습니다. 하지만 이것만으로는 부족합니다. 우리 인간도 도저히 어찌할 수 없는 한계라는 것이 있기 때문입니다. 이 때 우리에게 반드시 필요한 것이 '나의 힘이 되시고, 반석이시며, 산성이신'(시편18:2) 하나님 아버지를 의지하는 신앙입니다. 불가능을 가능케 하시고, 환란에서 나를 건지시는 예수 그리스도를 내 삶의 주인으로 모셔드리는 믿음이 필요합니다.

고난이라는 리트머스 시험지

하나님께서는 당신의 자녀들 모두에게 놀라운 계획과 뜻을 가지고 계십니다. 때문에 우리의 신앙과 인격 등이 그분의 계획과 뜻을 이루어낼 만한 그릇이 되게 하기 위하여 여러 가지 시험과 환란을 허락하시는 것입니다. 이 시험은 다음 단계로 이끌어 가시기 위한, 일종의 test라 할 수 있습니다.

그러므로 현재 어려움 속에 있다 할지라도, 그 고난 자체를 고통스러워하며 억지로 피해갈 필요는 없습니다. 하나님을 원망할 이유는 더욱 없습니다. 또한 애써 그걸 외면하고 거부하기 보다, 오히려 이 문제를 너끈히 이겨냄으로써 하나님의 시험에 통과할 수 있기를 그분은 더 바라십니다.

우리의 삶 자체가 테스트입니다. 어느 한 순간 어느 한 사건이 테스트인 경우도 있지만, 가장 중요한 테스트는 인생 자체라는 것을 기억해야 하겠습니다. 그래서 어떤 어려움과 문제가 닥쳐와도 그 안에는 반드시 해답이 있으며, 그런 나에게서 눈을 떼지 않으시는 하나님의 돌보심이 있음을 믿고 나아가는 자세가 중요합니다. 우리는 매 순간 새로운 경험을 할 뿐입니다. 그 경험들을 소중히 끌어안으며, 넘기 어려운 산을 하나씩 넘을 때 우리는 하나님 앞으로 한발 더 다가서게 됩니다. 이것은 또한 주님으로부터 '품띠'를 인정받는 것과 같습니다.

우정과 연합

"새에겐 둥지가 있으며, 거미에게는 거미줄이 있으며, 사람에게는 친구가 있을 따름이라" 월리암 블레이크라는 사람은 친구의 중요성을 이렇게 말하고 있습니다. 친구의 우정이 새의 둥지와 거미의 거미줄과 같이 중요하다는 말입니다.

그런데 2천년전 십자가에서 돌아가시고 부활하셔서 우리에게 영생의 길을 열어주신 예수 그리스도께서는 어제나 오늘이나 앞으로도 동일하게 우리의 친구로서 늘 함께해 주십니다. "아무개야, 너하고 나는 친구다. 나와 진정한 우정을 쌓자. 나는 너와 진정한 친구가 되기를 원한다. 결코 너를 실망시키지 않을 터이니 나와 친하게 지내자"고 우리에게 말씀하고 계십니다. 이 세상에 예수 그리스도와 같은 친구는 없습니다. 예수님은 우리의 죄를 대신 짊어지신 분이십니다. 인생의 동반자요, 저 세상까지 함께 가는 영원한 친구입니다.

외로운 인생길에 참 위로와 참 평안을 주시며, 우리의 고민과 문제를 아시고 해결할 힘을 주시는 능력의 주님이십니다. 사람들이 모두 등을 돌리고 내 곁을 떠날 지라도, 끝까지 나에게서 눈길을 떼지 않으시고, 모든 환란으로부터 나를 지키시며 때를 따라 푸른 초장과 쉴 만한 물가로 인도해 주시는 나의 목자 되시는 분이 바로 주님이십니다. 이 분이 나를 친구 삼아 주신다는 것, 이보다 더 감격스럽고 든든한 '빽그라운드'는 없습니다. 그러므로 그리스도와 더 돈독한 우정과 연합을 이뤄야 하지 않겠습니까?

진정한 기도는 하나님의 심장에 이르는 것

"쉬지말고 기도하라"(데살로니가전서5:17). 이 말씀에서 '쉬지 말고'란 '중단하지 않고, 끊임없이, 계속적으로'라는 뜻입니다. 그런데 사람이 어떻게 쉬지 않고 기도할 수 있습니까? 매일 놀기만 하는 사람이라면 모를까, 우리에게 쉼은 너무나 필요한 것입니다. 그런데 주님은 기도를 쉬지 말라고 하십니다. 이것은 기도가 노동이 아니라는 뜻입니다. 주님께서 기도가 일이나 노동이라고 여기셨다면, 아마도 쉬어가면서 하라고 하셨을 것입니다.

성경학자인 라이트푸트 박사는 '기도의 본질은 입술이 움직이는 데 있는 것이 아니라, 하나님의 심장에 이르는 데 있다'고 정의합니다. 즉 기도는 입술로만 하는 것이 아니라는 것입니다. 하나님과 마음과 마음으로 만나는 것입니다. 또 기도는 일이 아니라 '사귐'입니다. 성도가 하나님과 만나는 것이고, 대화하는 것입니다. 언제 어디에나 계신 무소부재의 하나님을 생활 속에서 경험하고 누리는 것이 기도인 것입니다. 삶 가운데서 늘 주님의 임재를 느끼고 주님과 함께 하는 성도는 쉬지 않고 주님과 대화할 수 있습니다.

참된 믿음은 위기의 순간에 빛이 납니다

참된 신앙은 언제나 '위기' 앞에서 그 진면목이 드러나는 법입니다. 우리의 삶 속에 위기가 찾아 왔을 때, 그 위기에 어떻게 반응하는지를 보면 압니다. 내가 가지고 있는 믿음의 실체가 확실하다면, 많은 위기 앞에서도 내 삶을 주장하시고 인도하시고 함께하시는 신실하신 하나님을 신뢰할 수가 있는 것입니다. 어려운 일을 당할수록 하나님을 더욱 더 의지하게 됩니다. 또한 인생의 가장 커다란 위기, 다시 말하면 마지막 날 하나님 앞에 서게 되는 그 날 주님 앞에서 그가 가지고 있는 믿음의 알곡를 내보일 수가 있을 것입니다.

흔히들 '내 코가 석잔데~' '너나 잘하세요' 라는 말들을 합니다. 그래서 현대인들은 너나 할 것 없이 자기 자신의 문제에만 빠져 남을 돌아보지 않을 뿐만 아니라, 남을 돌아보고 싶어도 간섭으로 오해받을까봐 그냥 지나치고 마는 이기적인 사회가 되어 버렸습니다. 하지만 이제 우리는 그리스도인답게 이 '돌봄의 십자가' 를 져야 하겠습니다. 그럴 때 세상은 보다 훈훈하고 아름다워질 것입니다.

제 3 부

바라봄

아담아, 너는 어디에 있느냐?

감옥에 갇혔던 한 유대교 랍비와 간수장이 나눈 대화입니다. 깊이 사색에 잠겨 있는 고요한 랍비의 모습에 간수장이 깊이 감명을 받았습니다. 나름대로 생각이 깊었던 간수장은 랍비에게 말을 붙이고 자기가 평소에 지니고 있던 성경의 몇 가지 의문점에 대해 랍비에게 묻습니다.

"하나님이 전지전능하시다면 모든 것을 다 아실 터인데 왜 아담에게 "너 어디있느냐?" 라고 물으시는지요? 그 물음을 우리가 어떻게 이해해야 합니까?"랍비가 되묻습니다. "당신은 성경이 영원하다는 것, 모든 시대, 모든 세대, 모든 사람들이 성경 안에 담겨 있다는 것을 믿습니까?" "네, 믿습니다." "좋습니다. 하나님께서는 모든 시대 안에서 모든 사람들에게 묻는 것입니다. 네가 살고 있는 세상 안에서 너는 어디에 있느냐? 너에게 주어진 나날들, 네가 살아온 삶 안에서 너는 어디쯤 와 있느냐? 하나님은 당신에게 이렇게 묻는 것입니다. 그래, 네가 46년을 살아 왔는데 너는 진정 어디쯤 가고 있는 것이냐?"

간수장이 자기의 나이가 언급되는 것을 듣자, 깜짝 놀라고는 온 몸을 추스르더니 랍비의 어깨를 두 손으로 잡고는 "그렇군요. 하나님께서 제게 묻고 계시는 것이군요." 그의 가슴이 떨리고 있었습니다.

유태교의 철학자이며 신학자였던 마르틴 부버에 의하면, 하나님께서는 당신 자신이 어떤 새로운 것을 아시기를 기대하면서 아담에게 "너 어디 있느냐?" 라는 물음을 던지시는 것이 아니라, 오히려 아담이 자기 자신을, 자기의 행위를, 자기 삶의 모습을, 자기의 처지를 바라보도록 질문을 던지십니다.

우리 역시 "너 어디 있느냐?"(창세기3:9) 라는 고요하고 조용한 목소리를 대면하지 않는 한, 우리는 영원히 어두운 길을 해매는 '길 잃은 양' 입니다. 아담은 이 물음을 듣고 자기가 잘못 되었다는 것, 길을 잃었다는 것을 인정하고 하나님 앞에 고백합니다. 모습을 드러내기가 부끄러워 숨었노라고(창세기3:10). 부끄러웠지만 용기를 내어 하나님 앞에 나왔던 것입니다.

하늘 아버지의 상속자

예수님은 하나님을 '아바 아버지'라고 불렀습니다. 하나님과 너무나 친근한 모습을 보여주신 것입니다. 어떻게 그토록 다정한 모습을 보일 수 있었을까요? 하나님의 아들이셨기 때문입니다. 하나님이 아버지이셨기 때문입니다. 아들은 아버지가 절대 두렵지 않습니다. 오늘 우리가 믿음생활을 하면서도 구원에 대한 확신을 갖지 못하고 하나님을 두려워하는 것은 하나님이 나의 아버지라는 믿음이 약하기 때문입니다.

그러나 하나님의 자녀로 살아가는 그리스도인이 누릴수 있는 가장 큰 특권이라면, 그것은 장차 하나님의 유업을 상속받을 권리가 주어졌다는 점입니다. 장래의 일이 아니라, 지금 이 땅에 사는 동안에도 하나님의 것이 곧 우리의 것이 되는 것입니다. 하나님 아버지의 것을 우리가 다누리며 살아갑니다. 그러므로 하늘의 유업을 상속받을 자가 바로 나이며, 그런 자신의 신분을 분명히 아는 이상 우리는 어떠한 고난과 시험도 다 물리쳐 이길 수 있습니다.

'우리가 그와 함께 영광을 받기 위하여
고난도 함께 받아야 할 것이라'

그리스도 안에서
소망은 '능력'입니다

일을 하다보면 이왕 잘한다는 소리를 듣고 싶고,
인정받고 싶고, 그러다 보면 남들 앞에 나서고 싶어지는
게 인지상정입니다. 확실히 우리는 무엇인가를 하면 할수록 자꾸
높아지는 마음을 발견하게 됩니다. 우리의 의식은 항상 대접받는 쪽으로
향하게 되어 있습니다. 비난할 것 없이 어쩌면 이런 모습이야말로 지극히 인간적일
지도 모릅니다. 하지만 그러는 동안 우리는 주님의 방법과는 점차 멀어지게 됩니다. 이 점을
자각하고, 할 수만 있다면 철저하게 주님의 방법을 따라가는 태도가 중요합니다. 내가 자신의
의욕과 계획으로 무언가 한다는 생각이 든다면, 곧바로 주님 앞에 내려놓고 그분의 지시를 따르도록
노력해야 할 것입니다. 주님의 방법은 예나 지금이나 변함없이 낮아지는 것입니다.

우리의 표본이신 예수님은 당신이 고통당하심으로 이루어질 구원, 곧 하나님의 구원계획이 이루어지는 것을 보면서 기뻐하셨습니다. 그것이 주님에겐 고통도 참아낼 즐거움이 된 것입니다. 이처럼 하나님 앞에서 품는 소망에는 능력이 있습니다. 인생의 가장 큰 힘은 소망으로부터 나옵니다. 실패했어도 소망을 놓치지 않는 사람은 무너지지 않습니다. 병들었어도 비전을 붙들고 있는 사람은 죽지 않습니다. 아무리 극심한 고난이 겹쳐서 다가와도 소망에 불타는 사람에겐 그 고난이 오히려 자극제가 되어 더 열심히 사는 능력이 됩니다.

소망은 그런 것입니다. 특히 하나님 안에서 갖는 소망은 사람에게 가장 큰 힘과 능력이 됩니다. 인생을 바꾸어 놓습니다. 마찬가지로 하나님의 자녀는 늘 소망을 이야기합니다. 어떤 절박한 상황에서도 소망을 놓지 않습니다. 하나님은 우리 안에서 일하십니다. 또 그리스도가 내 안에, 내가 그리스도 안에 있으면, 우리가 믿고 기도하는 모든 것을 들으시고 이뤄 주십니다. 우리를 그 응답의 땅까지 인도해 주는 것입니다. 그 소망이 이루어지는 과정에서 경험하고 겪는 일들은 다만 더 나은 열매를 주시기 위한 하나님의 밑거름이 되는 것입니다.

하늘에 속한 기쁨을 누리는 비결

"항상 기뻐하라"(데살로니가전서5:16)는 말씀에서 '기뻐하라' 는 것은 '어떤 사람이나 사물에 대해 기뻐하는 것' 을 뜻합니다. 그런데 여기서 중요한 것은 '항상' 이라는 단어입니다. 이 말 속에는 평상시 또는 잘나가는 때만이 아니라, 환난의 때까지가 포함되어 있습니다. 모든 일이 잘 풀릴 때 기뻐하는 것은 당연합니다. 사업이 잘 되고, 승진하고, 시험에 합격하고, 가족들이 무탈하며, 아이들이 잘 자라고 성적이 좋을 때는 누구나 기뻐할 수 있습니다. 그러나 실패하고, 일이 뜻대로 되지 않고, 손해보고, 사고가 나고, 고난이 다가올 때, 그때 기뻐하는 것은 어려운 일입니다.

사실 우리의 삶 속에는 괴롭고 슬프고 아픈 일들이 참 많습니다. 사랑하는 사람이 아프거나 때로는 우리 곁을 떠날 때, 돈 문제로 인하여 고통당할 때, 직장과 사업장에서 받는 스트레스 등 피할 수 없는 어려운 일들이 분명히 있습니다. 사정이 이런 데도 주님께서는 우리에게 웃으면서 살라고 하신 것입니다. 이때 주께서 말씀하시는 기쁨이 무엇입니까?

기쁨에는 두 가지가 있습니다. 하늘에 속한 기쁨과 땅에 속한 기쁨이 그것입니다. 이것을 다르게 표현하면, 변치 않는 기쁨과 쉽사리 변하는 기쁨, 그 어떤 경우에도 흔들리지 않는 기쁨과 주위환경에 의해 흔들리는 기쁨이라 할 수 있겠습니다. 그런데 '변치 않고, 흔들림이 없는, 하늘에 속한 기쁨' 은 하나님을 바라볼 때만 가능합니다. 변함없는 하나님의 사랑, 세상이나 사람의 어떠함을 뛰어넘는 하나님이 주시는 진리의 양식, 땅의 것으로도 풍성하게 채우실 하나님의 자비를 바라보는 사람들은 외적 환경과 조건에 관계없이 항상 기뻐하지 않을 수 없습니다.

무너지지 않는 집

　영혼을 가진 인간에게는 두 가지 집이 있습니다. 땅에 있는 장막집과 하늘에 있는 영원한 집입니다. 하나는 인간의 몸으로 지어진 것이요, 또 하나는 하나님이 지은 집입니다. 이 두 집의 차이는 땅에 세운 장막집은 언젠가는 무너져 없어지고, 하늘에 있는 집은 영원하다는 것입니다. 여기에서 땅에 있는 장막집은 우리의 인생을 가리키는 말입니다. 우리의 생명을 가리킬 수 있고, 이 세상에 쌓아놓은 물질, 명예, 권력, 건강을 포함하기도 합니다. 그러나 이 세상에 있는 집들은 언젠가, 아니 얼마 있지 않아서 소멸하고 맙니다. 그러기에 지혜로운 자는 무너지지 않으려 하지 않고, 무너질 준비를 잘하는 사람입니다.

　영원한 하나님의 나라를 확실히 예비할 때, 우리는 죽음이 두렵지 않습니다. 이 세상이 영원한 것이 아니고 다음 세상이 영원하다는 것을 알고 준비하는 인생 여정의 주인공이 될 때, 기쁘고 행복할 수 있습니다. 그 영원한 나라를 확신하고 그 나라를 사모하며 이 세상을 나그네로 살아가는 것이 성도들의 믿음입니다. 영원한 하늘나라의 잔치에 참석하기 위해서는 예수 그리스도의 거룩한 옷을 입어야 합니다.

　인생은 나그네길입니다. 하숙생입니다. 이 땅에 있는 육신의 장막은 언젠가 무너집니다. 육신도 무너지고, 생명도 무너지고, 명예와 지식과 인기도 무너집니다. 따라서 이 세상에서 살아가는 동안 우리가 해야 할 가장 중요한 일은 '내가 지금 어디를 향해 가고 있는가를 아는 것' 과 그 나라를 갈 수 있는 길이 '예수 그리스도를 내 삶의 구주로 영접하는 것' 입니다. 우리 인생에서 이보다 더 중요한 일은 없습니다.

인생의 겨울에 대비하는 삶

성경에 보면 자기 마음대로 살다 간 부자 이야기가 나옵니다. 이 사람은 '죽으면 그만이다, 그냥 먹고 마시고 놀자' 하면서 실컷 놀고 즐기고 호의호식하며 그렇게 살았습니다. 그렇게 살다가 이 부자는 인생의 겨울을 맞이합니다. 그가 죽은 것입니다. 그런데 생전에는 상상도 못했던 다음 생이 기다리고 있는 겁니다. 물 한 방울 마실 수 없는 뜨거운 불구덩이의 삶. 얼마나 당황됐을까요? 다시 살아날 수 도 없고, 다른 선택의 기회도 없으니 말입니다.

때문에 우리는 이 땅에 사는 동안 '인생의 겨울' 을 맞을 채비를 잘해야 합니다. 준비의 때를 놓치면, 우리도 이 부자의 신세가 될 수 밖에 없습니다. 그러면 어떻게 준비해야 할까요? 하나님은 성경을 통해 이 문제의 해답을 분명하게 제시하셨습니다. 바로 당신의 맏아들인 예수 그리스도를 통해 우리에게 '영생의 길' 을 내어주신 것입니다. 예수 그리스도를 본받아 죄로 물든 인간의 본성을 죽이고 생명의 그리스도로 부활하는 것입니다.

실내에 햇빛이 들어오지 않으면 깨끗한 것처럼 보이지만, 햇빛이 비치면 먼지가 쌓여있는 걸 볼 수 있습니다. 하나님이 보실 때 우리의 모습도 마찬가지입니다. 우리는 모두 죄인입니다. 때문에 인간은 스스로를 구원할 수 없습니다. 그러기에 순전하신 예수 그리스도를 희생시키심으로써, 우리의 죄 문제를 해결해 주신 것입니다. 따라서 구원의 여정이란 그리스도를 구주로 모시고 그분의 죽음과 부활이 내 안에서 이뤄지도록 하는 것입니다.

인생의 희망

일년의 희망은 봄이 정하고,

하루의 희망은 새벽이,

가족의 희망은 화합이,

인생의 희망은 근면이 정한다.

오늘이 생의 마지막인 것처럼…

가장 귀한 것을 취하는데 있어서 시간을 늦추는 사람은 없습니다. 게으르거나 어리석은 사람, 또는 귀한 것의 가치를 모르는 사람이라면 몰라도, 정상적인 사람은 절대 늦추지 않습니다. 신앙이야말로 오늘을 놓쳐서는 안되는, 너무나 중요하고 시간을 다투는 일입니다.

우리의 인생이 아무리 젊다 해도 마지막이 언제일지는 그 누구도 알 수 없습니다. 신앙에 관한 한 오늘이 전부인 것처럼 살아야 합니다. 내일의 태양이 나에게도 밝아올지는 오직 하나님만 아시는 것입니다. 지금 이 순간의 기회가 내일 또 다시 온다고 생각하는 것은 착각일 뿐입니다. 어제는 이미 지나버렸고 내일은 아직 알 수 없으니, 오늘 주어진 믿음의 기회를 꼭 붙잡는 것이 지금 내가 해야 할 가장 중요한 일입니다.

수확의 법칙

　심은 만큼 거두는 것. 이것이 하나님의 법칙입니다.
사과나무 한 그루 심어놓고 부유하게 살 것을 기대하
는 것은 옳지 않습니다. 모든 것은 심은 만큼만 거두
게 되어 있습니다. 찬송을 심으면 기쁨을 거둘 것이
고, 기도를 심으면 응답을 거둘 것이고, 물질을 심으
면 물질의 복을 거둘 것이고, 감사를 심으면 늘 마음
에 평강을 얻을 것입니다. 자녀를 기를 때에도, 농사
를 지을 때에도 '심은 대로 거두는' 이 법칙은 똑같이
적용됩니다. 우리가 뿌린 만큼 정확히 보상받습니다.

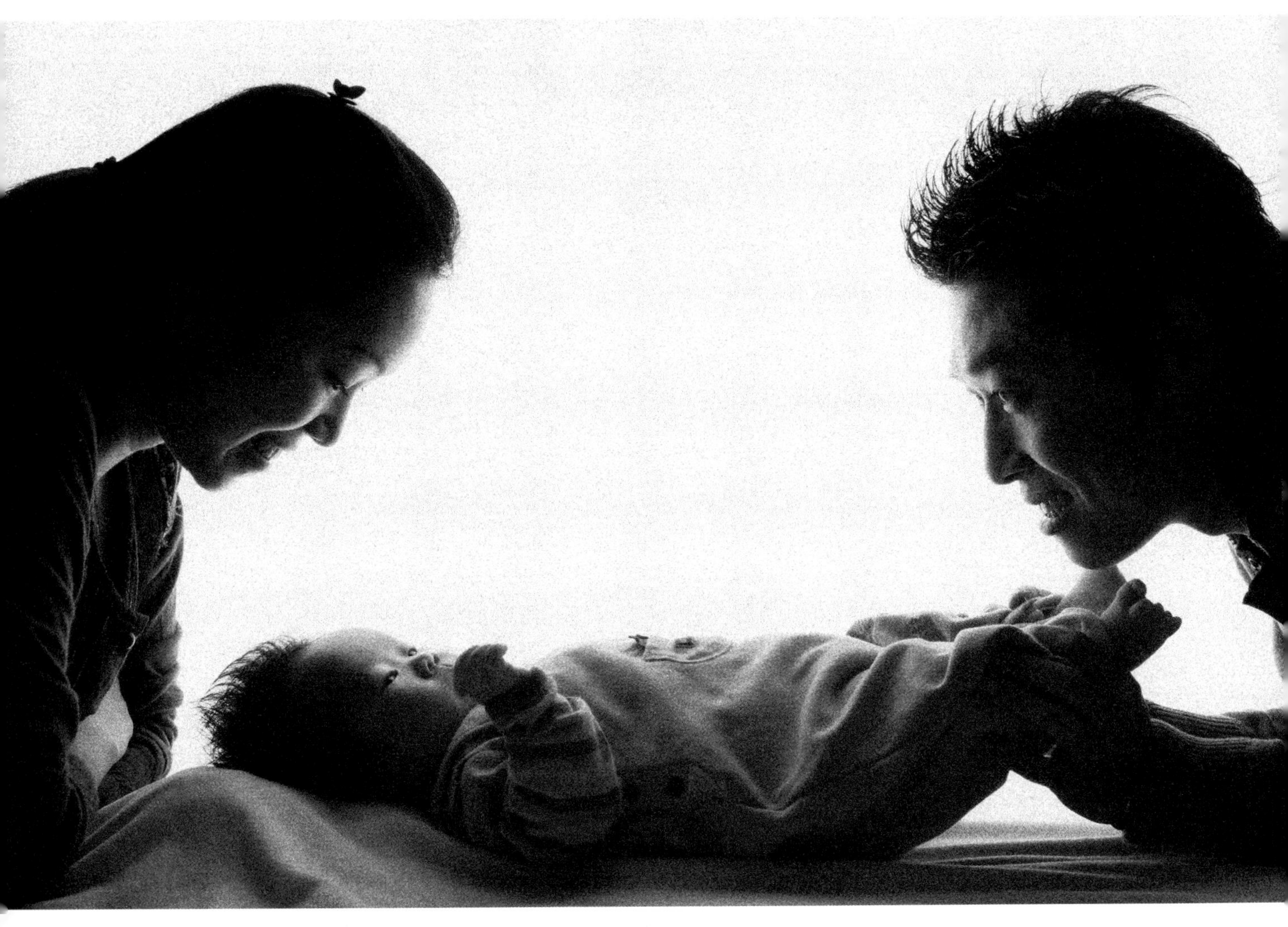

감람나무와 같은 자녀

　성경에서는 우리의 자녀들을 감람나무에 비유합니다. 감람나무는 강인한 생명력을 상징합니다. 감람나무는 돌밭에서도 잘 자라고 가뭄에도 잘 견디기 때문에 이스라엘 전역의 어디에서든지 쉽게 볼 수 있습니다. 또한 감람나무는 그 줄기가 싹둑 잘려진다 해도, 그루터기에서 곧 새로운 싹이 나와서 다시 자라기 시작합니다. 우리의 자녀들도 이와 같이 어떤 시련과 좌절 속에서도 낙심하지 않고 푸르고 청청하게 자라갈 수 있으면 좋겠습니다.

　감람나무는 유용성의 상징입니다. 감람나무 열매는 날로 먹어도 되고, 식초와 소금에 절여서 먹기도 합니다. 그 열매의 기름을 짜서 만든 올리브유는 음식을 만드는데도 쓰고, 등잔기름, 비누, 향수, 피부연고제로도 사용할 수 있습니다. 특히 왕의 대관식 때 붓는 귀한 기름으로 쓰이기도 합니다. 그 줄기와 가지는 공예품을 만들기도 하고, 땔감으로도 사용됩니다. 감람나무는 어느 것 하나 버릴 것 없이 참으로 여러 가지로 유용한 나무입니다. 우리의 자녀들이 하나님의 나라와 주의 몸 된 교회 위해, 그리고 이 나라와 민족 위해 이 감람나무처럼 쓸모 있는 유용한 인재로 자라가기를 기도합니다.

제 4 부

새로남

내 인생의 맞춤 디자이너

　하나님은 우리 각자에게 '인생'이라는 소중한 자유이용권을 주셨습니다. 각자의 인생을 멋지게 장식하고, 하나님의 피조세계를 자유롭게 여행하며, 누리며, 성장하는 것은 우리 각자가 선택할 몫입니다. 또한 그 선택에 따른 결과도 우리의 책임입니다. 그렇다면 이 귀중한 인생의 자유이용권을 어떻게 창조적으로 사용해야 할까요? 그저 '될 대로 되라지' 하는 식의 소극적인 자세는 우리를 보내신 하나님의 뜻이 아닙니다. 우리는 적어도 우리 각자를 향하신 하나님의 뜻과 기대에 맞는 '인생여정' 계획표를 갖고 운동화 끈을 매어야 합니다.

　설레는 마음으로 자유이용권을 손에 쥐고 여행길에 올랐지만, 막상 이 인생이라는 여행길에서 우리는 뜻하지 않은 장애물을 만나기도 합니다. 때론 길을 잘못 들어 헤매기도 합니다. 우리가 각자의 인생을 창조적으로 디자인하고 아름답게 장식하기에는 역부족일 때가 많은 것입니다. 이런 우리의 인생여정에 파트너가 되어주시고 나침반 역할을 해주시는 분이 바로 하나님이십니다. 내 능력의 부족함을 느끼고, 생을 창조해 가는 데 연약함을 느끼거든, 당신의 운명을 바꾸고도 남을 하나님의 도움을 구하십시오. 지혜를 구하십시오. 지친 당신을 다시 달리게 하는 용기를 구하십시오. 하나님께서는 당신의 남은 인생에 꼭 맞는 맞춤디자인을 완벽하게 해주실 것입니다.

하나님의 지혜가 문제해결의 열쇠

완전하지 못한 사람들이 모여 형성된 교회공동체는 언제나 문제가 있을 수 밖에 없습니다. 오히려 문제없기를 기대하는 것이 이상한 것입니다. 어느 가정, 어느 조직, 그 어떤 교회라도 문제는 다 있습니다. 그러기에 문제가 없는 것이 중요한 게 아니고, 발생된 문제를 어떻게 해결하고 극복해 가느냐가 중요합니다.

문제없는 교회, 문제없는 가정, 문제없는 배우자를 찾고 있습니까? 아니면 그 문제의 극복을 통해 더 좋은 곳, 더 좋은 관계를 만들어 가는 사람입니까? 우리에게 언제나 기대를 갖고 계신 하나님은 우리가 문제의 늪에서 빠져 나올 수 있도록 분발을 촉구하십니다. 뿐만 아니라, 그 문제 해결을 통해 성장할 수 있도록 도와주시는 하나님이십니다. 문제의 늪에서 빠져 나와 하나님의 기대에 부응하는 삶을 살아가기 위해서 우리는 하나님의 지혜와 능력을 받아야 합니다. 그 해답이 바로 '성령 충만' 입니다.

"오직 성령이 너희에게 임하시면 너희가 권능을 받고 예루살렘과 온 유다와 사마리아와 땅 끝까지 이르러 내 증인이 되리라" (사도행전1:8)

하나님의 진리의 영이 우리 안에 충만할 때, 우리는 늘 주님과 동행하면서 주님과 교제하는 삶을 살아갈 수 있습니다. 하나님의 사랑을 전파하는 선교적 모범의 삶을 살아갈 수 있습니다. 기독교의 능력은 결코 '수' 에 있지 않습니다. 기독교의 능력은 헌신하는 소수, 생명력 있는 소수, 아놀드 토인비의 표현대로 '창조적인 소수' 에 달려 있는 것입니다. 복음을 전하는 바울 한 사람이 중요한 것 같이, 복음을 전하는 나 한 사람이 얼마나 중요한지 모릅니다.

다른 시각으로 바라보기

사람이든, 식물이든, 물건이든 가장 아름답게 보이는 위치와 각도가 있습니다. 어디에서 보느냐에 따라 아름답게 보이기도 하고, 추하게 보이기도 하며, 날카롭거나 부드럽게 보이기도 하는 것입니다. 우리는 정원수 한 그루를 심을 때에도 보기에 좋은 위치와 각도를 생각합니다. 그런데 우리는 가장 소중하게 대해야 할 사람에게는 정작 그렇게 대하지 못할 때가 많습니다.

분명 그 사람에게도 좋은 점이 있을 텐데, 그것은 찾아보지 않고 자기가 보고 싶은 방향과 시각으로만 바라보면서 미워하거나 무시합니다. 사람은 '그가 누구인가 보다' 는 '내가 어떻게 보느냐' 에 따라, 그 중요도와 의미가 크게 달라집니다. 오늘은 그 사람을 어제와는 다른 각도에서 바라볼 수 있으면 좋겠습니다. 그러면 사람마다 다른 성격과 습관이 있다는 사실을 통해 새롭고 놀라운 기쁨을 얻게 될 것입니다.

참된 믿음은 위기의 순간에 빛이 납니다

참된 신앙은 언제나 '위기' 앞에서 그 진면목이 드러나는 법입니다. 우리의 삶 속에 위기가 찾아 왔을 때, 그 위기에 어떻게 반응하는지를 보면 압니다. 내가 가지고 있는 믿음의 실체가 확실하다면, 많은 위기 앞에서도 내 삶을 주장하시고 인도하시고 함께하시는 신실하신 하나님을 신뢰할 수가 있는 것입니다. 어려운 일을 당할수록 하나님을 더욱 더 의지하게 됩니다. 또한 인생의 가장 커다란 위기, 다시 말하면 마지막 날 하나님 앞에 서게 되는 그 날 주님 앞에서 그가 가지고 있는 믿음의 알곡를 내보일 수가 있을 것입니다.

"만일 누구든지 금이나 은이나 보석이나 나무나 풀이나 짚으로 이 터 위에 세우면 각각 공력이 나타날 터인데 그날이 공력을 밝히리니 이는 불로 나타내고 그 불이 각 사람의 공력이 어떠한 것을 시험할 것임이라. 만일 누구든지 그 위에 세운 공력이 그대로 있으면 상을 받고, 누구든지 공력이 불타면 해를 받으리니 그러나 자기는 구원을 얻되 불 가운데서 얻은 것 같으리라"(고린도전서3:12-15).

겉모습과 내면의 모습

　청소년 시기에는 일반적으로 외모에 신경을 가장 많이 쓰는 것이 사실입니다. 이제는 희끗한 머리칼이 낯설지 않은 장년기에 접어든 나이지만, 그 시기를 돌아보니 본인도 외모에 퍽 신경을 썼던 기억이 납니다. 그러나 지나치게 외모에 신경을 쓰다보면, 정작 중요한 것을 놓치기 쉽습니다. 그 시기에 꼭 달성해야 할 인지적 · 정서적 발달과업을 비롯해 비전을 수립하는 일에 차질을 가져올 수 있습니다. 무릇 사람은 '외모'가 중요한 게 아니라, 인격 수양 및 신앙의 정립을 우선해야 합니다.

　사람은 모두가 준수한 외모를 갖기를 원하고 다른 사람에게도 잘 보이고 싶어 하는 것이 인지상정입니다. 그러나 겉모습으로 사람을 판단하는 외모 지상주의에 빠지다 보면, 자칫 자기 열등감에 사로잡혀 평생을 왜곡된 자아상을 지닌 채 살아가기 쉽습니다. 즉 자신의 외모에 대한 열등감으로 인해 끝없이 남과 비교하면서 자기불만과 타인에 대해 질투심을 갖다보면, 결국에는 내적 손상을 가져올 뿐 아니라, 그 자신의 인생도 불행해 집니다.

　우리는 모두 하나님이 지으신 최고의 걸작품들입니다. 비록 키가 작고 얼굴이 잘생기지 않았더라도 그 사람의 인격이 훌륭하고 내적으로 실력을 갖추었다면, 그에게서는 근사한 멋이 풍겨나오기 마련입니다. 처음에 사람을 끄는 힘은 외모일 수 있으나, 그것은 오래 가지 못합니다. 사람의 진정한 매력은 겉모습보다 내면에 있고, 그보다는 우리의 '중심을 보시는' 하나님의 인정하심이 제일 중요합니다. 외모에도 신경을 쓰되, 그것에 들이는 정성의 2배를 자신의 내면을 채우고 가꾸어가는 데 쓰는 사람이 진짜 멋쟁이인 것입니다.

형식이 내용을 지배하진 않습니다

　우리가 살아가면서 때로는 형식과 격식을 갖추어야 할 때가 있습니다. 하지만 그 삶의 형식이 내용을 대신해 주지는 않습니다. 오늘날 교회에 다니는 많은 그리스도인 가운데는 형식(예배)이 있기 때문에 당연히 내용(구원, 축복 등)도 있을 것으로 착각하는 분들이 적지 않는 것 같습니다. 그래서 각자가 기울여야 하는 노력, 이를테면 '장성한 그리스도인'이 되기 위한 성화의 과정이나 구원의 완성을 이뤄나가는 성도로서의 책임과 의무에는 소홀한 신앙생활을 해나가는 모습을 종종 볼 수 있습니다. 그리스도인으로서 진정한 이웃사랑이 없고, 자기 안에 하나님의 영과 진리이신 참 그리스도가 내주하지 않는다면, 아무리 경건의 모양이 있다 해도 그것은 '울리는 꽹가리'에 지나지 않습니다. 예배의 형식 또한 사랑실천이라는 내용이 뒷받침될 때, 더불어 빛이 나는 것입니다.

부메랑 축복

내가 남을 향해 한 번 욕하면 그것이 열 배로 되돌아오
고, 남을 한 번 축복하면 열 배의 복이 되돌아옵니다.
이것이 '부메랑 법칙' 입니다.

마찬가지로 용서는 하나님의 복을 받는 자리로
나아가는 길이요, 전인적 성장과 성숙으로 나아
가는 징검다리입니다. 그러므로 용서하고 싶지
않거나 화해하고 싶은 마음이 생기지 않더라
도, 할 수만 있다면 내가 먼저 화해의 손길을
내미는 것이 좋습니다. 그러면 하나님께서 우
리의 생각과 마음을 뛰어넘는 용서의 마음을 부
어 주실 것입니다. 또 용서하는 나에게 베푸시
는 놀라운 축복도 아울러 주실 것입니다.

분노와 용서하지 못함은 실제로 우리를 병들게
하고 죽게 한다고 합니다. 사람에 따라서는 용서하지
못하는 분노가 쌓이면, 그것이 암을 유발할 수도 있다
고 합니다. 우리의 영혼과 육체는 매우 긴밀하게 연관되
어 있어서, 용서하지 못하는 마음 속 분노와 응어리가 우리의
영혼과 신체를 치명적으로 손상시킬 수 있습니다.

누군가를 만날 때 이런 인사는 어떨까요?

　누군가를 만날 때 이런 인사는 어떨까요? "무척 보고 싶었어요". 또는 누군가를 만났을 때 이런 인사를 건넬 수 있다면 좋겠습니다. "당신이 제 곁에 있어 참 행복합니다" "당신이 내 친구인 것이 자랑스럽고 힘이 난답니다".

　우리의 삶은 만남의 연속입니다. 그리고 그 만남의 관계성 속에서 성장해 가며, 살아갈 힘을 얻기도 합니다. 가족, 친구, 동료, 이웃… 등. 그 무엇 하나 소중하지 않은 것이 없습니다. 그러므로 우리는 '만남'을 아름답게 가꾸어 가야 합니다.

　우리 주님도 나를 만나러 이 세상에 오셨습니다. 만왕의 왕이신 그분이 죄악의 쓰레기장에서 온갖 오물을 뒤집어 쓴 나의 손을 덥썩 잡으시고 냄새나는 내 몸을 안아주시며 말씀하셨습니다. "나는 너를 사랑한다. 너를 보려고 이 땅에 내려 왔단다". 하여, 내가 만나는 한 사람 한 사람을 대할 때, 주님이 나를 맞아주시듯 나도 그를 조건없이 가슴으로 맞이하려고 합니다. 어두운 안경을 벗고 내 앞에 있는 이 사람을 통해 그리스도의 형상을 발견하는 성숙한 눈이 열리기를 기도합니다.

　내가 만나는 모든 사람은 사실 '완전한 존재'들입니다. 다만 내 안의 상처와 오염으로 인해 그를 온전하게 바라보지 못하는 내가 있을 뿐입니다. 내 안에 그늘져 있는 부정적 그림자를 걷어내면, 그들은 모두 나의 소중한 친구이며, 내 삶을 풍성하도록 도와줄 천사들인 것입니다. 그러므로 오늘 우리는 서로에게 이렇게 인사할 수 있으면 참 좋겠습니다.

　"하루 종일 보고 싶었어요" "내 곁에 당신이 있어서 참 행복합니다".

‘때문에’가 아닌,
‘덕분에’의 인생태도

일본의 마쓰시다 창업주이고 일본에서는 ‘경영의 귀재’로 불렸던 마쓰시다 고노스께는 94살까지 살면서 수많은 성공신화를 만들었던 인물입니다. 그는 자신의 성공을 한 마디로 ‘덕분에’라고 말합니다. 먼저 그는 조실부모한 ‘덕분에’ 일찍 철이 들었다고 합니다. 다른 사람 같으면 20살이 넘어야 철이 들 것인데, 자신은 조실부모해서 초등학교 4학년 때 일찍 철이 들었다고 합니다. 두 번째로, 몸이 약한 ‘덕분에’ 항상 건강을 돌보았고 그래서 94살까지 장수했다고 합니다. 세 번째로, 어려서부터 그를 괴롭혔던 가난 ‘덕분에’ 크게 성공할 수 있었다고 합니다.

우리가 시련을 당하고 어려운 일을 당할 때는 보통 절망하고 남을 원망하며 어느 때는 분노를 터트리기도합니다. 심지어는 그 울분을 참지 못해서 생을 포기하는 경우도 있습니다. 그러나 고노스께처럼 적극적으로 그것을 받아들여 잘 활용하기만 하면, 인생을 변화시킬 수 있는 가장 좋은 기회가 될 수도 있습니다. 최적의 환경이면 더 좋겠지만, 문제의 사건과 환경보다 더 중요한 것은 내가 그것을 어떻게 받아들이고 대처할 것인가 하는 ‘삶의 태도’입니다.

누릴수록 풍성해지는 축복의 법칙

하나님은 우리 모두에게 적절하고 공평하게 복을 주십니다. 그런데 우리는 이것을 알지 못하고 번번이 남의 것과 비교하기를 좋아합니다. 그래서 눈에 보이는 것으로만 판단하여 자신의 손에 쥐어진 복은 미처 헤아리지도 못한 채 남의 것만 부러워 합니다. 심지어는 "다른 사람에게 준 복을 왜 나에게는 주지 않느냐"고 하나님 앞에 따지는 사람도 있습니다. 그리고 항상 불만만 갖습니다. 진취적으로 앞을 향해 나가질 못합니다. 나에게 주어진 복을 감사함으로 누리는 자는 더욱 풍성해질 것이요, 무엇이 복인지 모른 채 투정만 하는 자는 결국 있는 것마저 빼앗기게 될 것입니다. 혹시 내가 그런 사람은 아닌지, 진지하게 돌아볼 일입니다.

삶의 균형

　삶의 균형을 유지하는 비결은 '겸손'과 '절제'입니다. 우리 자신은 결코 완벽할 수 없는 존재입니다. 그러므로 비방과 칭찬에 민감하게 반응하지 말고, 자기 안에서 중심을 잡는 것이 중요합니다. 누군가의 칭찬이 나를 우월하게 해주는 것도 아니며, 누군가의 비난이 나의 존재를 바닥으로 떨어뜨릴 수도 없습니다. 우리는 언제나 그대로의 모습으로 존재할 뿐입니다. 우리를 바르게 판단하시는 분은 창조주 하나님 한 분이십니다.

올바른 Reaction

우리가 신앙으로 바르게 나아가는 지름길은 다른 것이 아니라 바로 '말씀을 가까이' 하는 것입니다. 말씀을 즐겨 읽고, 듣고, 묵상하는 삶인 것입니다. 그러다 보면 믿음이 더욱 강화됩니다. 왜냐하면 믿음은 들음에서 나고 들음은 그리스도의 말씀으로 말미암기 때문입니다(로마서10:17). 즉 우리의 믿음은 그리스도의 말씀으로 점차 견고히 서가는 것입니다. 따라서 말씀을 즐겨들어야 합니다.

말씀을 통해 얻는 유익은 무척 많습니다. 말씀을 들으면 잘못된 것이 바르게 됩니다. 부족한 것은 채워집니다. 왜냐하면 모든 성경은 하나님의 감동으로 된 것으로 교훈과 책망과 바르게 함과 의로 교육하기에 유익한 것이기 때문입니다 (디모데후서3:16). 성경을 읽고 듣고 깊이 묵상하면, 마음속에서 여러 가지 작용을 합니다. 때로는 교훈을 합니다. 때로는 책망을 합니다. 때로는 잘못된 것, 굽은 것을 바르게 펴줍니다. 그리고 우리를 하나님의 의로운 길로 인도합니다.

하나님의 일하시는 방법

하나님의 마음에 합한 사람은 하나님의 마음을 따라 그 마음이 움직입니다. 하나님께서 목표하시는 것을 자신의 목표로 삼습니다. 하나님이 말씀하시면 가고, 하나님의 뜻이 아니면 곧바로 발길을 멈춥니다.

하나님의 뜻을 이루는 사람은 능력 있는 사람, 성격이 좋은 사람, 학력과 머리가 뛰어난 사람, 배경이 좋은 사람, 인간관계가 좋은 사람, 돈이 많은 사람이 아닙니다. 하나님의 일은 오직 하나님의 마음에 합한 사람을 통해서 이루어집니다.

인류에게 주어진 '거룩한 사명' 두 가지

인류가 지속되는 동안 절대로 중단되어서는 안 되는 것 두 가지가 있습니다. 하나는 '자손을 낳는 일'입니다. 아이를 낳는 일을 중단하면 인류는 그 상태로 종말입니다. 지구상에 인구가 워낙 많기 때문에 평소 우리는 그 중요성을 종종 놓칠 때가 있지만, 만약 지구의 모든 사람이 일시에 후손 생산하기를 그친다면 인류는 이것으로 끝이 나고 맙니다.

또 하나는 이 세상의 창조주가 하나님이시며, 인류의 구세주는 예수님이라는 사실을 믿음으로 받아들이는 일입니다. 곧 '복음 전하는 일'은 절대로 중단되어서는 안됩니다. 이 일은 어쩌면 인류가 후손을 생산하는 일을 잠시 중단하는 것보다 훨씬 더 중요한 일일 것입니다. 왜냐하면 전 인류가 아무리 출산을 늘리고 양육을 잘한다 해도 창조주 하나님과 생명이신 예수 그리스도를 알지 못한다면, 그것은 아무런 희망도 없이 절망만 양산하는 결과를 가져올 것이기 때문입니다.

사람이 바뀌고 시대가 변해도, 절대로 중단할 수 없는 인류의 중요한 과제이자 사명은 아이를 출산하고 그 아이를 하나님의 온전한 자녀로 양육하여서 천국이라는 하나님의 창고에 수확해 드리는 일입니다. 우리 모두는 그 거룩하신 하나님의 창조사역에 부름받은 동역자들입니다. 당신은 지금 당신 자신의 사명을 잘 수행하고 계십니까?

구원의 출발은 '나' 한 사람으로부터

　예수 그리스도를 믿으면 나 한 사람만 구원을 얻는데서 그치지 않습니다. "주 예수를 믿으라. 그리하면 너와 네 집이 구원을 얻으리라"(사도행전16:31)입니다. 가족을 구원하는 가장 중요한 요소는 먼저 믿는 한 사람, 바로 '나 자신' 입니다. 내가 제대로 믿느냐 그렇지 못하느냐에 따라, 나의 가족도 구원을 받느냐 못 받느냐가 결정됩니다.

　따라서 오늘 우리는 그 한 사람이 되어야 합니다. 나의 사랑하는 가족들이 언제 구원받을지는 잘 모릅니다. 그러나 중요한 것은 믿음을 가진 '나' 라는 한 사람의 역할입니다. 내가 먼저 분명하고 철저한 믿음 가운데 거하지 않는 이상, 나의 가족에 대한 구원도 어렵다는 것입니다.

　모든 그리스도인들은 각 가정을 구원으로 인도할 선각자이며, 제사장들입니다. 믿음에 대해서, 하나님 나라에 대해서 먼저 눈을 뜬 자들이기 때문입니다. 그렇다면 하나님 나라의 백성답게 당당하게 믿음으로 서는 모습이 있어야 합니다. 나 자신이 바로 서야 내 가족에게도 믿음이 전달되는 것입니다. 가족을 사랑하면 그 가족을 구원하기 위한 책임 있는 무언가를 하게 되어 있습니다. 시대가 바뀌어도 이 사실은 변하지 않습니다. 그렇다면 내가 가족을 구원하는데 있어서 중요한 시발점이 되어야 합니다. 중요한 한 사람이 되어야 합니다. 그리고 책임있는 무엇인가를 시작해야 합니다.

사람을 변화시키는 '가슴의 언어, 영의 언어'

말에는 대략 네 가지 종류가 있습니다. 입술의 말, 머리의 말, 가슴의 말, 영의 말입니다. 그런데 그 중에서 사람을 전혀 변화시키지 못하는 말은 바로 입술의 말과 머리의 말이라고 합니다. '입술의 말' 이란 생각나는 대로, 입술이 움직이는 대로 하는 말입니다. 그 대표적인 것이 잔소리입니다. 우리가 수없이 자녀들에게 잔소리를 하지만, 그 잔소리가 아이들을 변화시키진 못합니다. 오히려 입만 아프고, 서로 간에 감정만 자극할 뿐입니다. 또 머리의 말이란 지식을 전달하는 말입니다. 교육수준이 높아진 만큼 우리 사회가 달라져야 할 터인데, 크게 변화된 것이 없는 걸 보면 맞는 얘기인 듯 합니다.

그런데 '가슴의 말' 과 '영의 말' 곧 말씀은 사람을 달라지게 만듭니다. 영향력이 있는 것입니다. 미국 한 조사기관의 자료에 의하면, 사람들이 하루에 보통 3만 마디 정도의 말을 한다고 합니다. 물론 말을 많이 하는 사람은 하루에 5만 마디 이상의 말을 하는 사람도 있을 것이고, 반대로 하루에 몇 마디 안 하는 사람도 있을 것입니다. 여기서 우리가 생각해 보아야 할 것은 이렇게 많은 말을 하며 사는데, 어떻게 하면 우리가 보다 아름다운 말, 영향력 있는 말, 사람을 살리는 말을 사용하면서 살 것인가를 연구하는 일인 것입니다.

'감사'는 삶으로 드리는 최고의 제사

　보통의 사람들은 어려운 환경에 맞닥뜨리기 전까지는 평상시 자신의 환경에 대하여 진심으로 감사를 느끼지 못하는 경우가 대부분입니다. 즉 충분히 감사할 조건 속에 있으면서 그걸 미처 깨닫지 못하는 것입니다. 그러나 '감사로 제사를 드리는 자가 하나님을 영화롭게 한다'는 말씀처럼, 무릇 성도는 범사에 감사하는 것이 생활화 되어야겠습니다.

　감사는 하나님만 좋으신 것이 아닙니다. 감사는 받는 사람에게도 좋지만, 드리는 사람에게도 좋습니다. 또 그로 인하여 이웃과 사회가 바뀌어 집니다. 진심으로 우러나오는 감사를 느낄 수만 있다면, 그는 항상 기쁨이 충만한 삶을 살 수 있게 될 것입니다. '항상 기뻐하는 것'과 '범사에 감사하는 것'은 언제나 함께 있는 것이기 때문입니다. 우리가 살고 있는 이 세상이 감사로 충만하다면 참 좋겠습니다. 모르긴 해도 그렇게 되면 기아와 빈곤, 반목과 질시, 법정싸움, 어린이 유괴 등과 같은 우울한 소식들이 훨씬 줄어들 것입니다.

약점을 아는 것이
'강점' 입니다

힘 세기로 소문난 삼손에게도 아킬레스건
(腱)은 있었습니다. 그의 머리털은 힘의 근원
이기도 했지만, 반대로 그 힘을 잃게 만든 가
장 약한 부분이기도 했습니다. 약점이 없어야
한다는 뜻이 아닙니다. 누구에게나 약점이 있
습니다. 중요한 것은 자신의 약점을 아느냐 하
는 것입니다. 자신의 취약점과 부족한 점을 정
확히 알고 그에 대비한다면, 약점은 곧 강점으
로 활용되어질 것입니다.

주일성수는
'주님의 부활에 참여' 한다는
고백입니다

주일을 지킨다는 것은 "주님, 저도 주님의 부활에 '이미' 참여하였습니다. 그리고 '이미' 영원한 하나님 나라의 백성이 되었습니다"라고 고백하는 뜻이 담겨있습니다. 그래서 영원한 안식에 들어간 것을 고백한 사람은 주일을 지키는 것이 조금도 짐이 되거나 고통이 되지 않습니다. 그것은 성도의 기쁨이요, 축제일 뿐입니다.

그리스도인이 주일을 지키며 사는 것은 이 땅에서 천국백성으로 산다는 고백입니다. 우리가 안식 후 첫날인 주일에 교회공동체라는 이름으로 한 자리에 모여 주님을 찬양하고 예배를 올려드리는 가장 큰 이유는 그 날 주께서 부활하셨기 때문입니다. 또한 우리가 주일을 지킴으로써 우리도 주님의 부활에 참여한다는 '드림'의 고백이기도 합니다. 그래서 이미 영원한 안식의 나라에 들어간 감격과 기쁨을 하나님의 지체인 성도들과 기꺼이 나누는 것입니다. 당신은 천국백성이 된 기쁨과 감격을 날마다 고백하며 누리십니까?

나를 바꾸는 힘

자신의 현재 모습은 어느 누구의 선택도 강요도 아닙니다. 바로 자신의 선택으로 만들어진 것입니다. 자기 자신을 바꿀 수 있는 가장 큰 힘은 바로 자신이듯이, 자신이 간절히 원한다면 무엇이든 바꿀 수 있습니다. 세상조차 바꿀 수 있는 아주 강력하고 커다란 힘이 자신의 내면 속에, 생각 속에 존재합니다. 사람은 자신이 생각하는 모습대로 되는 것입니다. 지금 자신의 모습은 자신의 생각에서 비롯된 것입니다. 내일 다른 위치에 있고자 한다면, 자신의 생각을 바꾸면 됩니다.

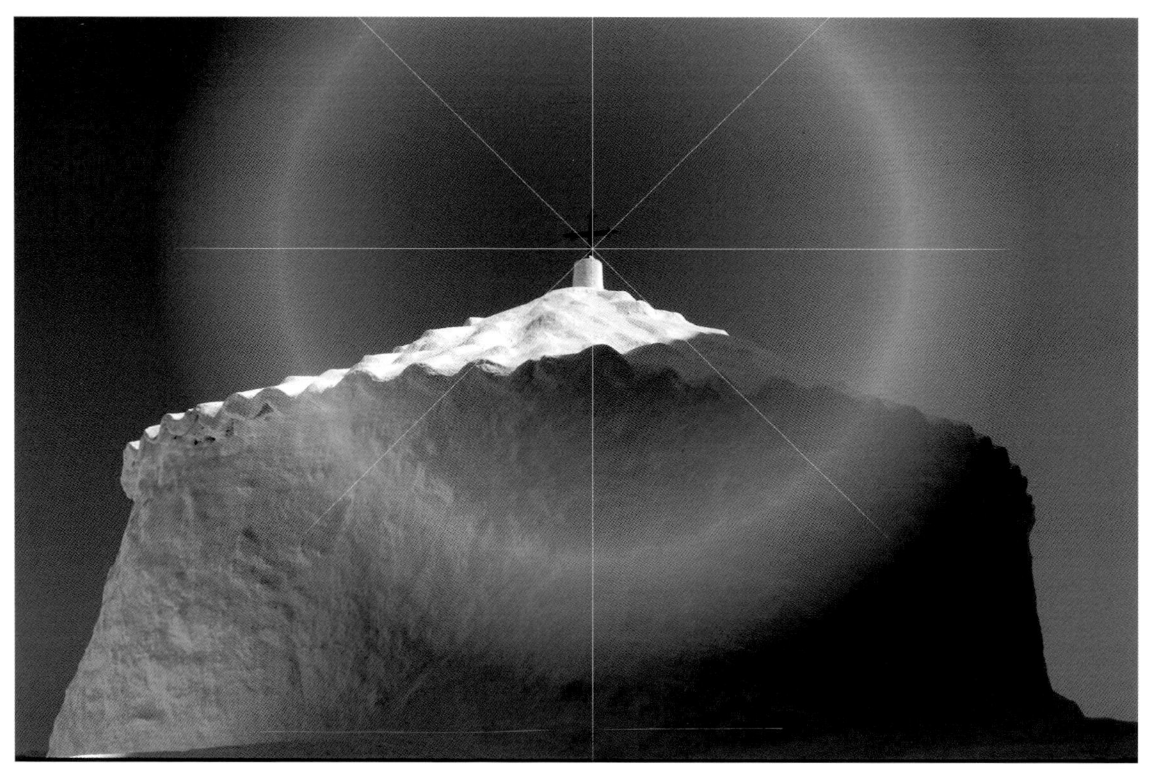

마음이 맑아지는 글

오늘 내가 헛되이 보낸 시간은
어제 죽은 이가 그토록 그리던 내일입니다.

시간의 아침은 오늘을 밝히지만
마음의 아침은 내일을 밝힙니다.

열광하는 삶보다
한결같은 삶이 더 아름답습니다.

돕는다는 것은 우산을 들어주는 것이 아니라
함께 비를 맞는 것입니다.

사람은 누구에게나 배웁니다.
부족한 사람에게서는 부족함을,
넘치는 사람에게서는 넘침을 배웁니다.

스스로를 신뢰하는 사람만이
다른 사람에게 성실할 수 있습니다.

살다보면 일이 잘 풀릴 때가 있습니다.
그러나 그것이 오래가지는 않습니다.

살다보면 일이 잘 풀리지 않을 때가 있습니다.
이것도 오래가지 않습니다.

소금 3퍼센트가 바닷물을 썩지 않게 하듯이
우리 마음 안에 있는 3퍼센트의 고운 마음씨가
우리의 삶을 지탱하고 있는지 모릅니다.

* 님에게 있는 3퍼센트는 무엇입니까?
 지금 이 시간 잠시 눈감고 님의 3퍼센트를 찾아 보십시오.
 그리고 가까운 이웃과 이것을 나누는 소중한 시간을
 가져보시길 조심히 권합니다.

저자 후기

　출산의 순간에 산파의 실수로 한쪽 눈의 시력을 잃었고, 1살 무렵 전신화상을 입어 지금도 왼쪽 몸과 왼쪽 손에는 흉터가 역력하고, 젊은 시절 하늘로부터 받은 목회의 사명으로 오래된 교회 건물 안에서 먹고 자고, 기도하며, 말씀읽기를 5년여…결혼과 더불어 찾아온 기관지 확장증으로 지금은 장애 3급의 몸으로 폐활량으로 보면 이미 80대 노인의 상태… 2층 계단을 오르는 것도 감당하기 어려운 상태….

　사형선고를 받은 지는 이미 20년이 훨씬 지났지만 "내게 능력주시는 자 안에서 내가 모든 것을 할 수 있느니라"는 빌립보서 4장13절의 말씀을 붙들고 기관지 확장 장애 3급의 몸에도 불구하고 국내는 물론 전 세계의 기독교 성지를 사진기에 담아왔습니다. 그간 거친 숨을 고르며 밟은 세계만도 이미 30여 개국에 이릅니다.

　지난 30년간의 바쁜 목회 활동 중에도 기독교문화 사역의 사명을 가지고 한국기독교사진가협회를 창립하였고 기독언론을 통하여 잊혀진 초대교회와 종교개혁의 발자취, 청교도의 현장을 두루 누비며 하나님이 지으신 세계를 카메라에 담는 일을 꾸준히 해왔고, 그간 여섯 차례에 걸친 개인전과 몇 차례 사진집을 펴낸 바 있습니다.

　어언 20여 년간 사진 활동을 해온 나에게 사진이란 하나님이 우리에게 주신 복음을 시각화하는 도구입니다. 또한 복음이 절대적으로 필요한 우리 인생들을 하나님께로 인도하는 통로이며, 렌즈에 담은 천지만물과 더불어 그분을 찬미하는 나만의 신앙고백이기도 합니다. 하여, 파인더에 잡힌 모든 피사체를 통해 나는 각각 그들의 방식으로 하나님을 찬미하며 예배하는 거룩한 아름다움을 발견합니다. 그것은 말로 표현할 수 없는 기쁨과 감격의 연속이 아닐 수 없습니다.

　이번에 출간되는 포토에세이를 통해 필자가 새삼 기대하는 바는 여기에 실린 한 장 한 장의 사진과 글들이 아직 복음을 접하지 못한 독자 여러분들에게는 예수 그리스도를 영접하는 계기가 되고, 기존의 성도님들에게는 신앙성숙의 기회가 되어주길 바라는 마음입니다. 무엇보다 이 책이 사진의 작품성을 둘러싼 분석에 그치기보다는 연약한 그릇을 들어 사용하시는 하나님의 마음을 더 알게 하는 통로가 되기를 기도합니다. 그리하여 우리의 영혼에 안식을 주고 우리의 삶을 강하게 이끌어주시길 소원하며, 이 책을 접하는 독자들에게 좋으신 하나님의 은총이 함께 하시길 기원합니다.

　이번 책의 출판을 흔쾌히 맡아주신 세줄기획 이명수 대표님과 교정을 맡아 수고해주신 최진호 목사님께 이 자리를 빌어 감사의 인사를 드립니다. 마지막으로 30년 목회사역에 눈물겨운 그림자 내조를 묵묵히 해왔을 뿐 아니라, 20여 년 사진문화사역에도 불평 한마디 없이 밀어주고 참아주고 기도해준… 지금 당뇨로 한쪽 시력을 잃고 힘들게 복막투석중인 사랑하는 아내에게 쾌유를 빌며 이 책을 바칩니다.

2007년 6월　이 성필